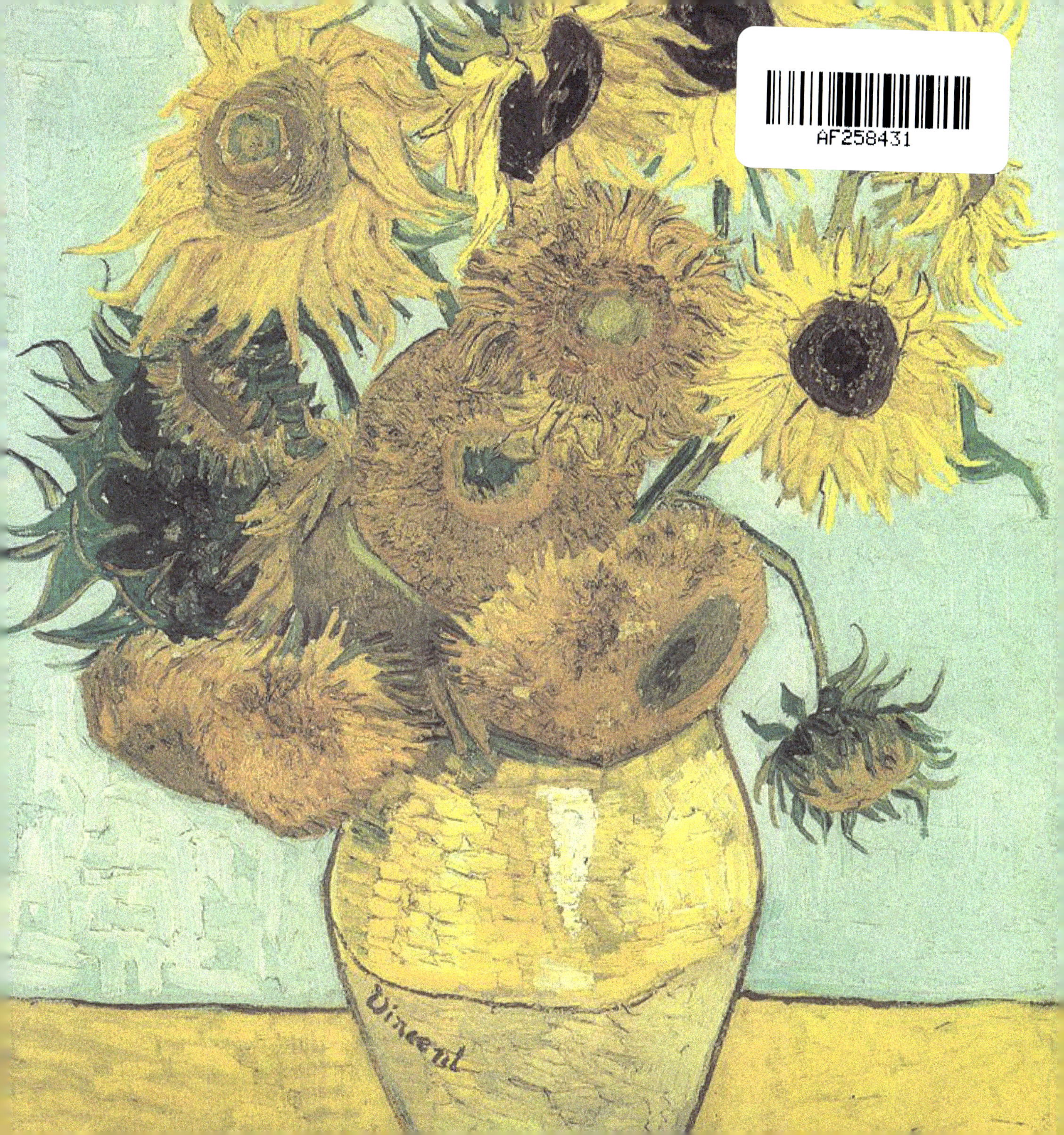

Vincent

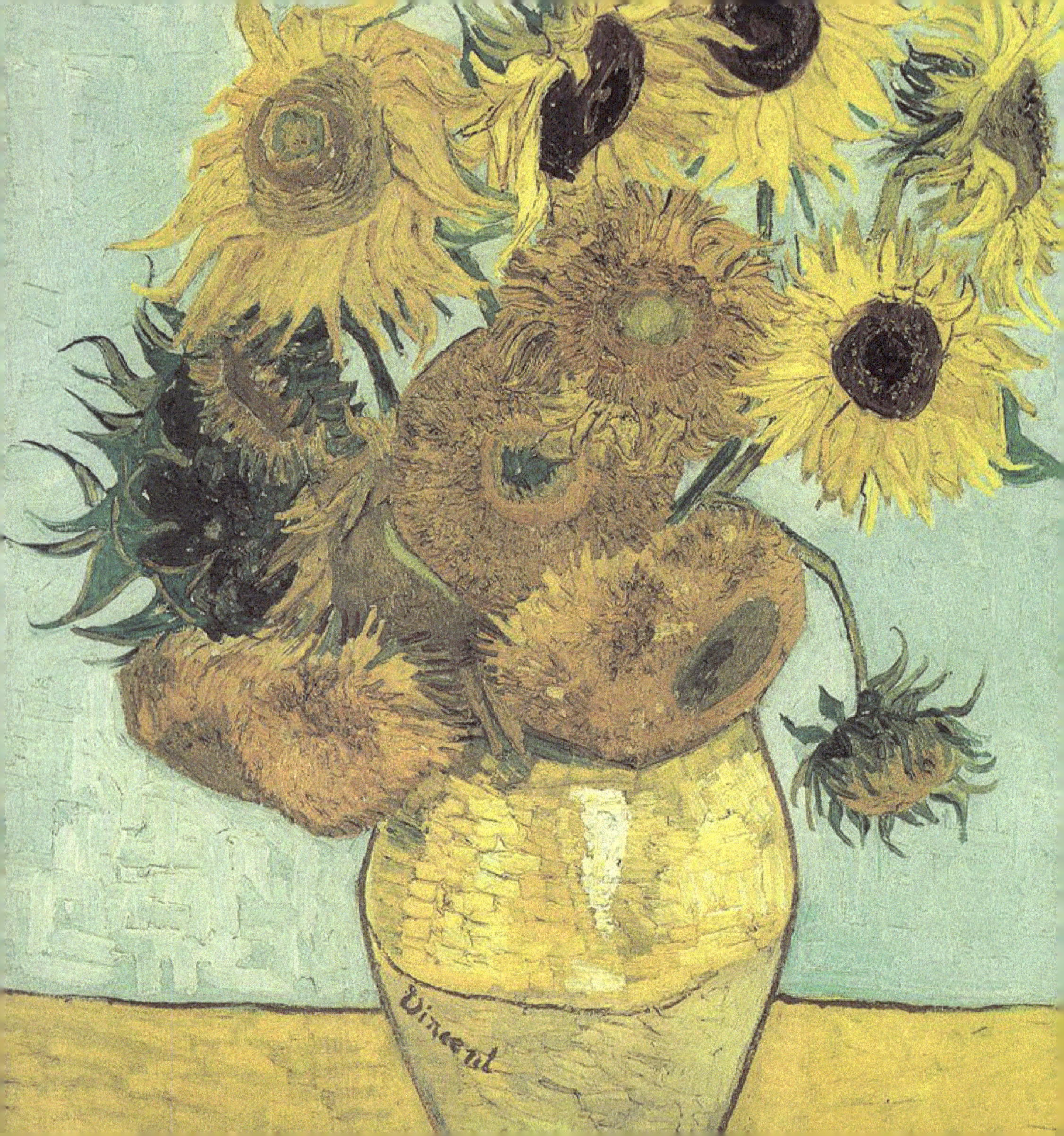
Vincent

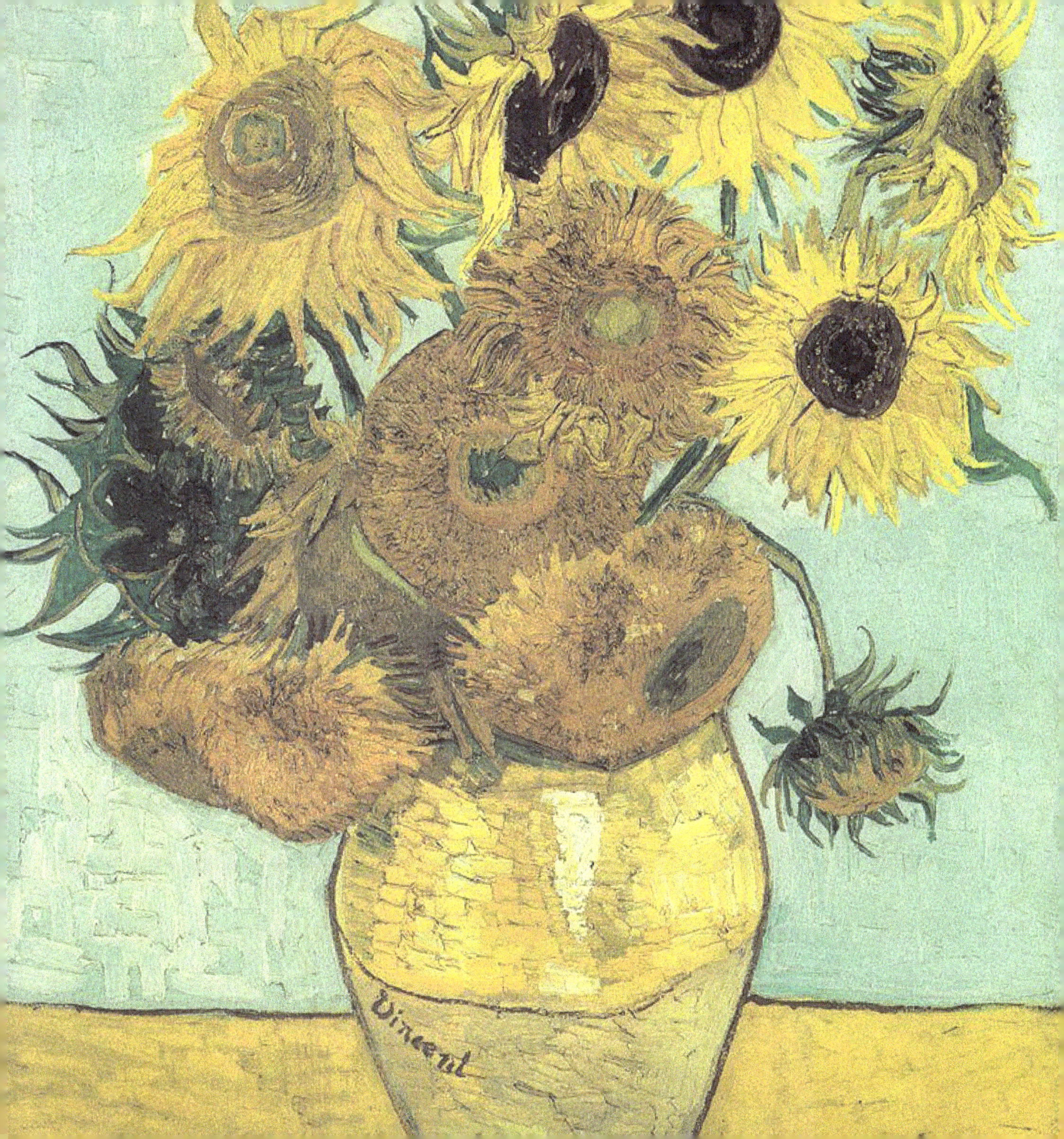
Vincent

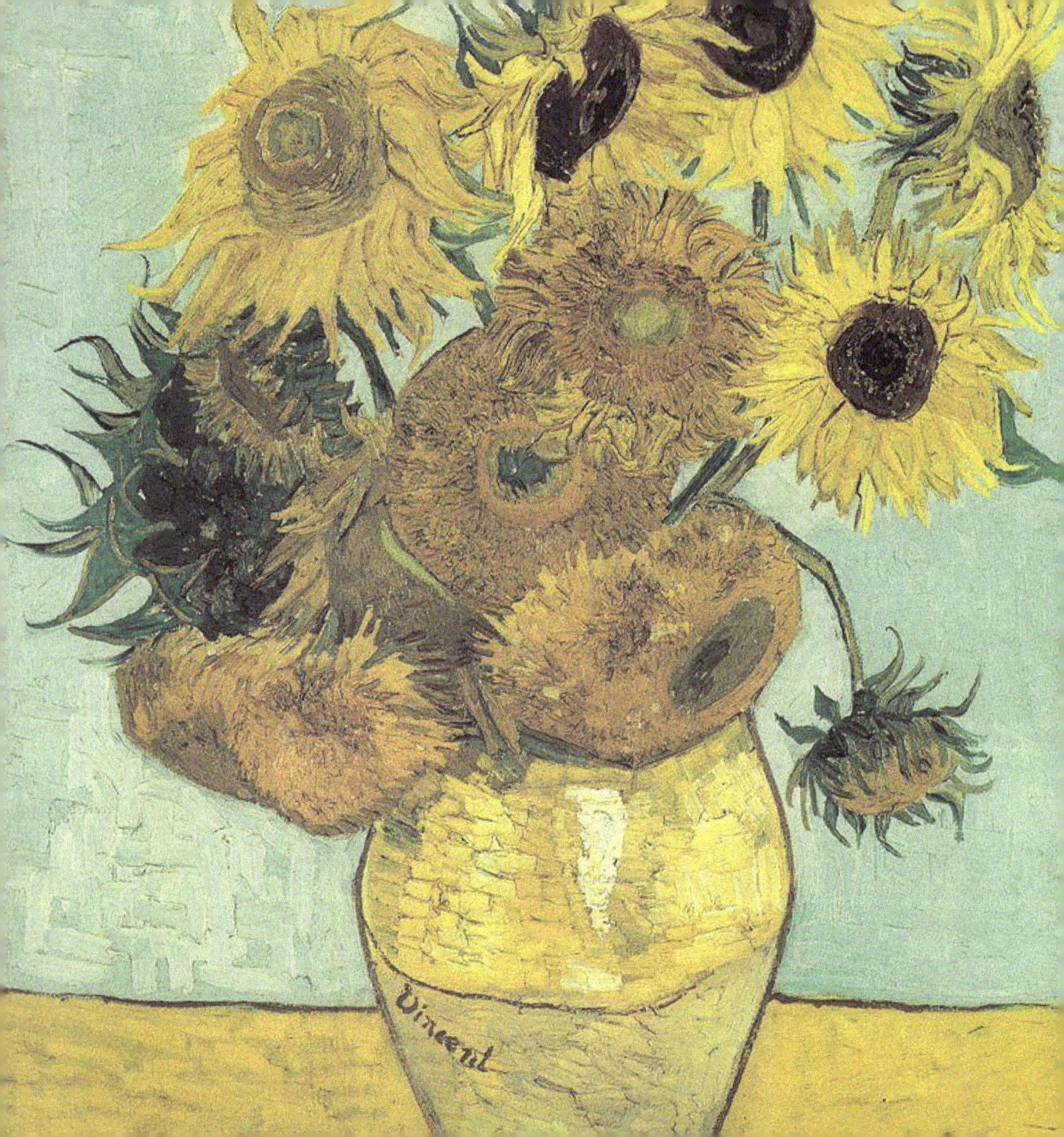

Vincent

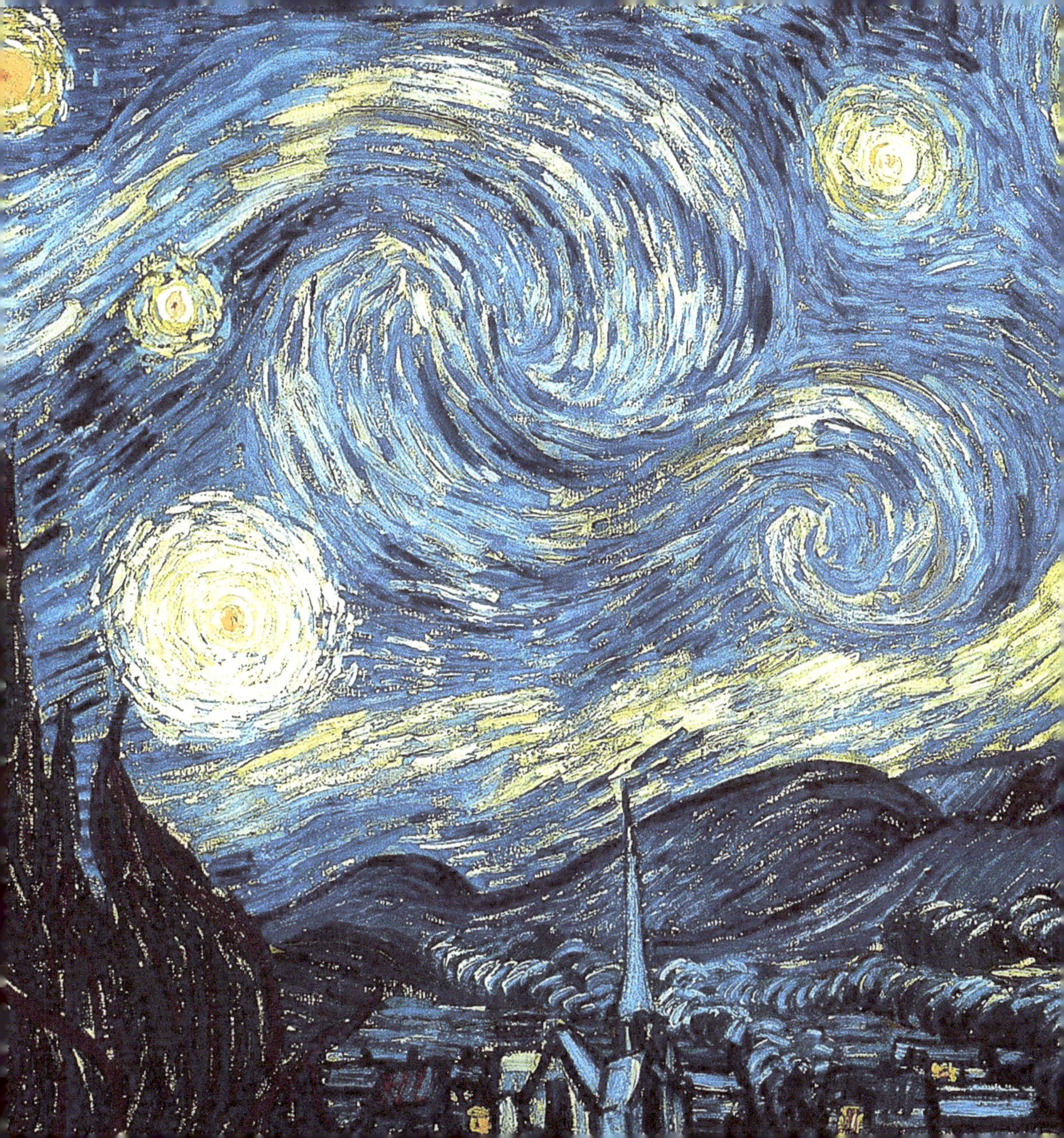

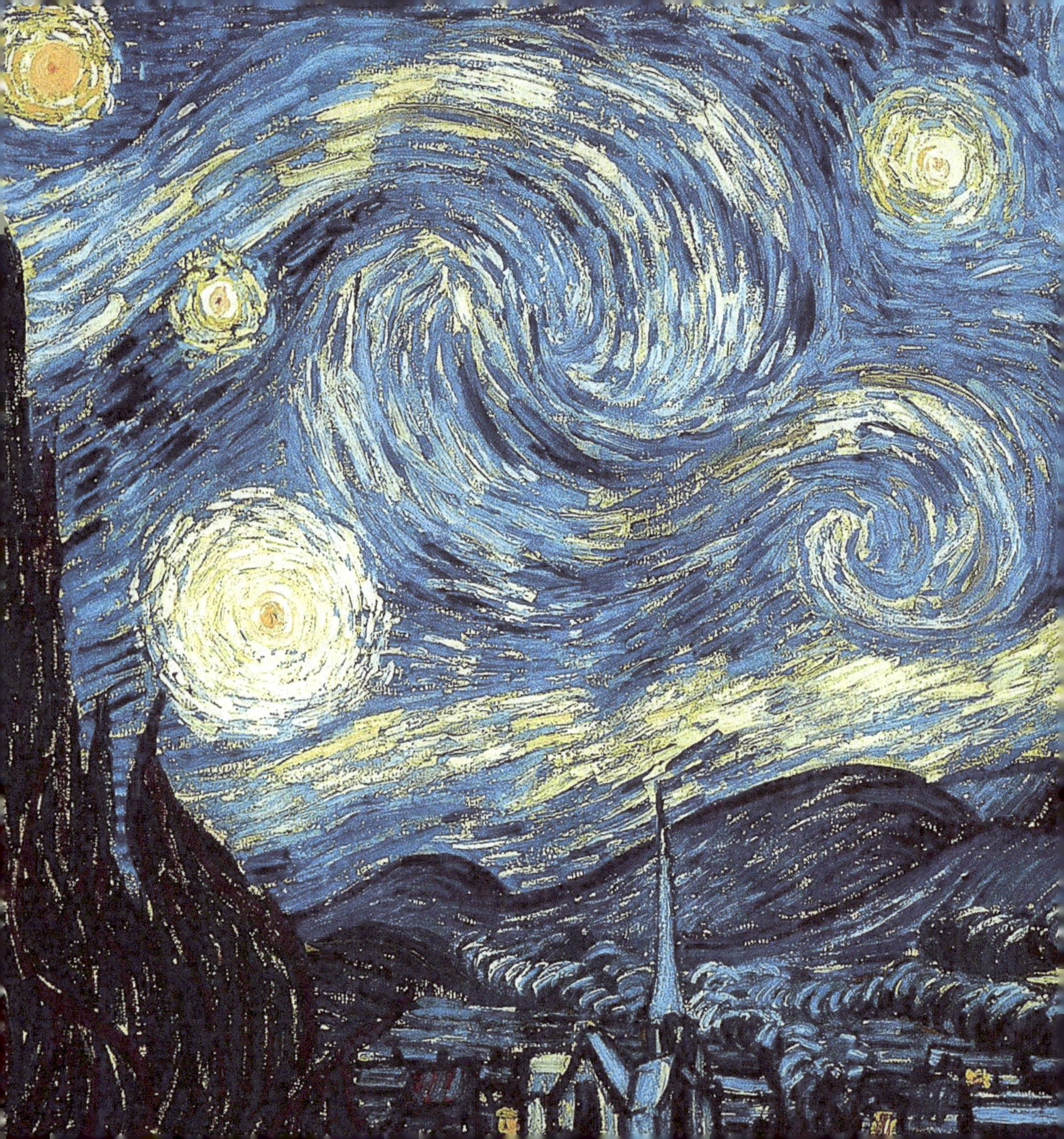

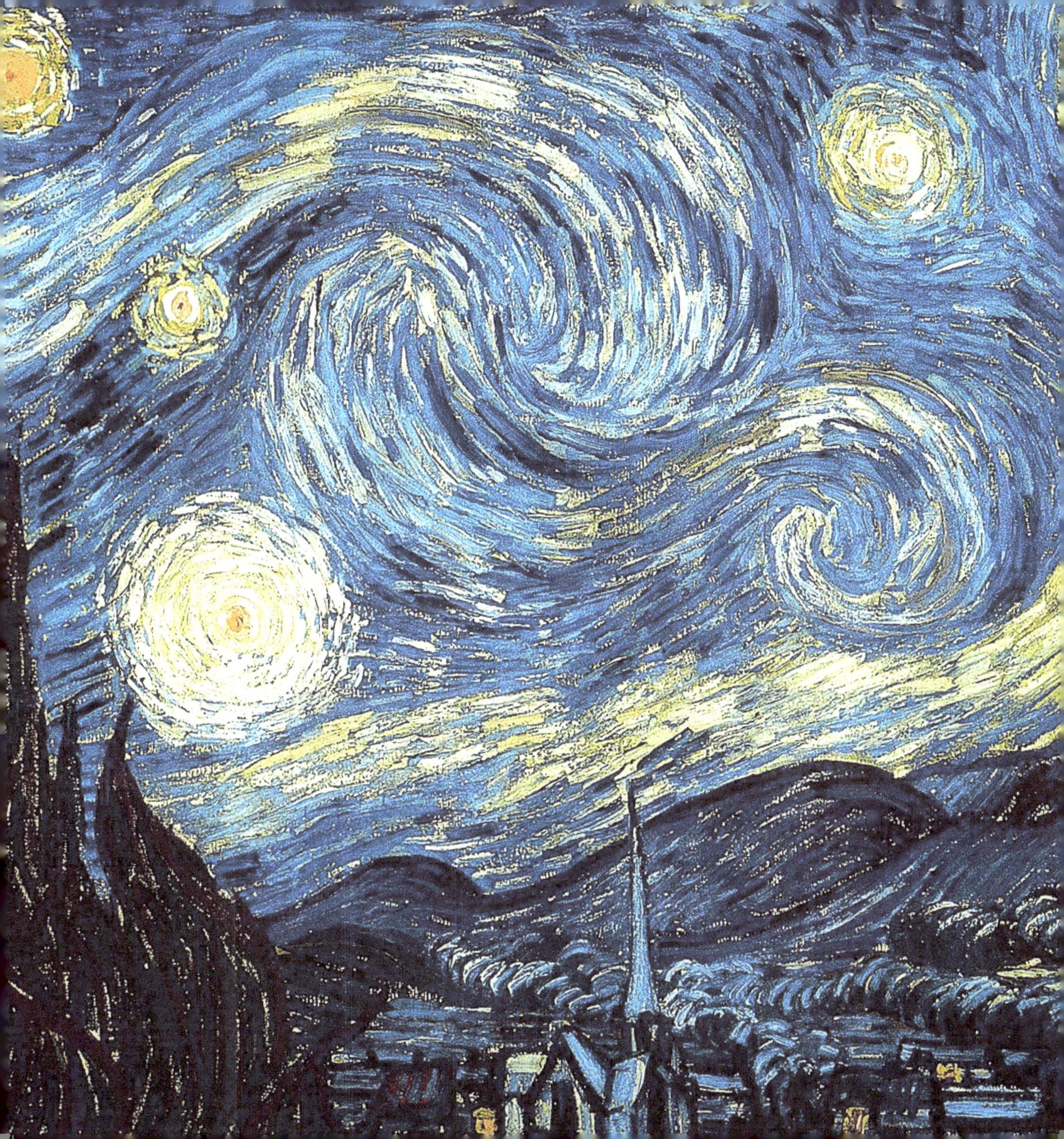

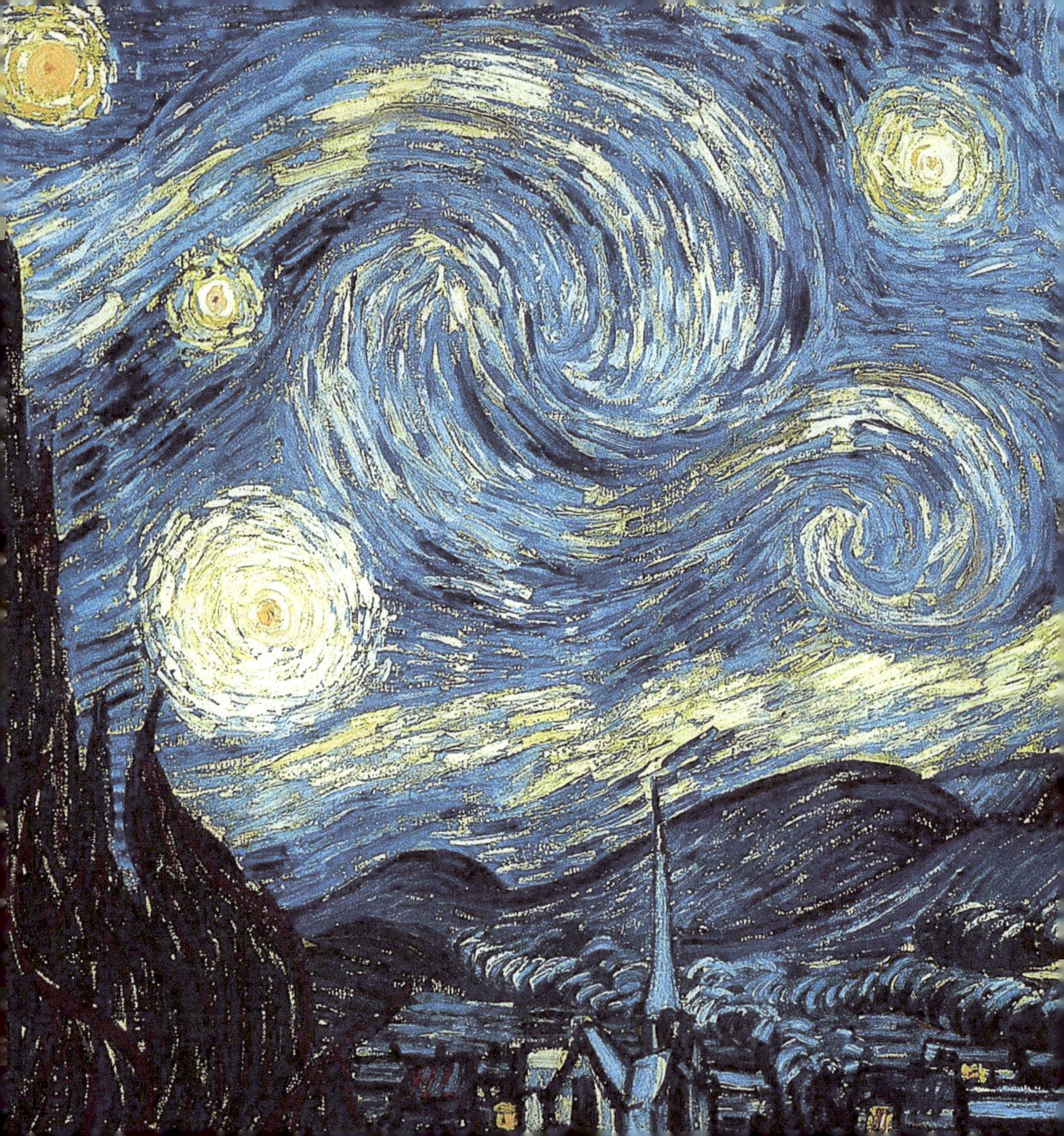

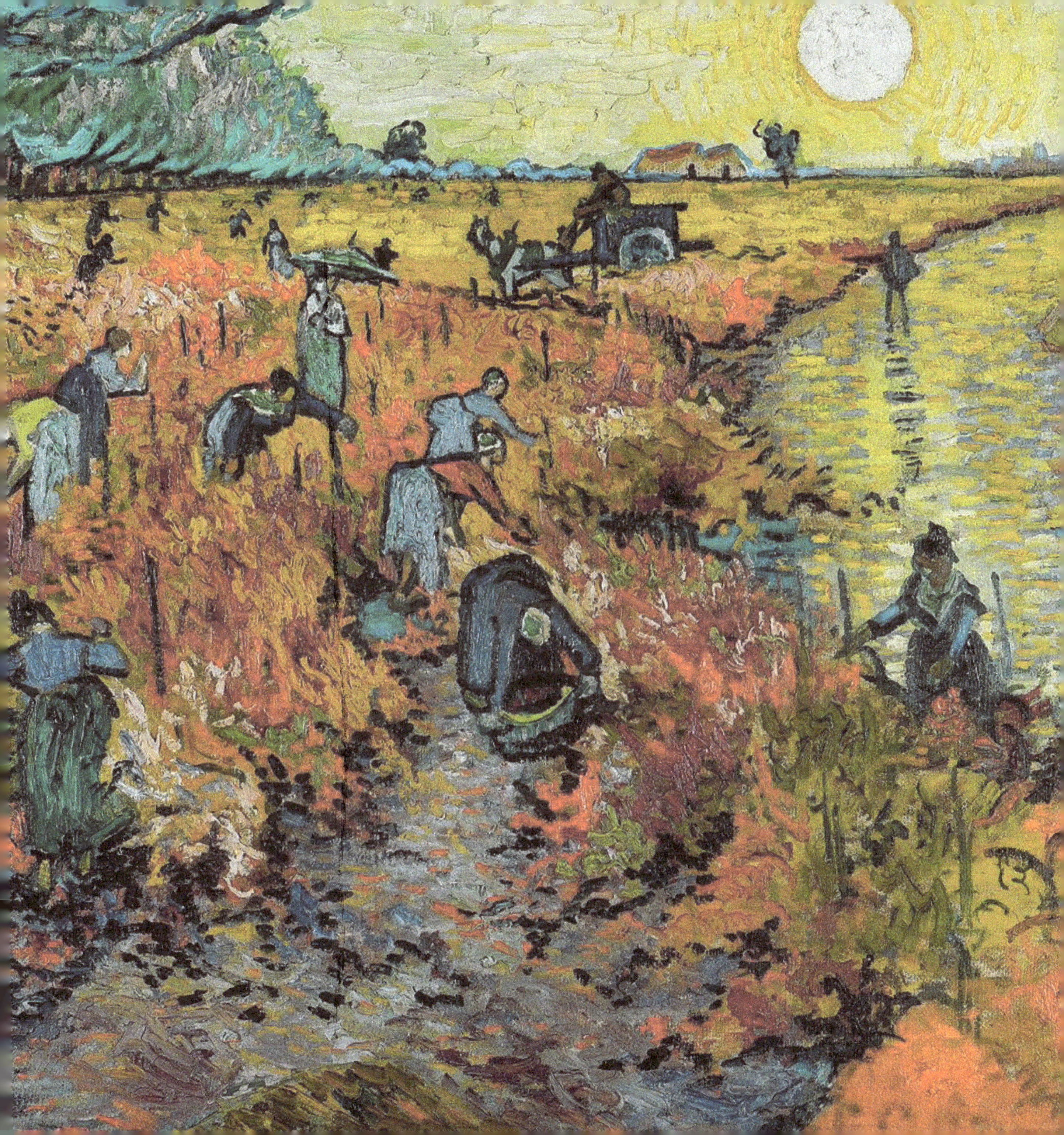

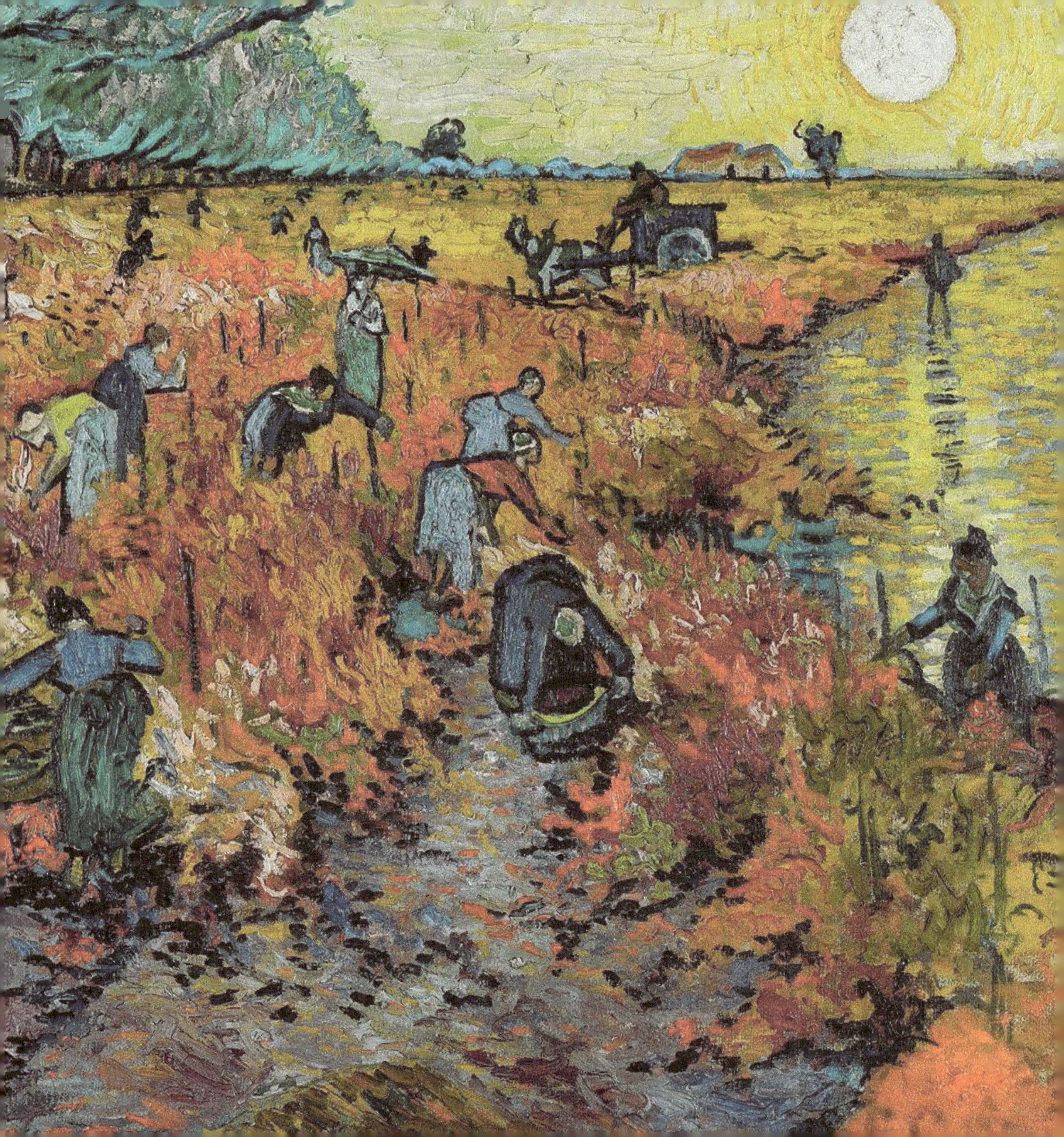

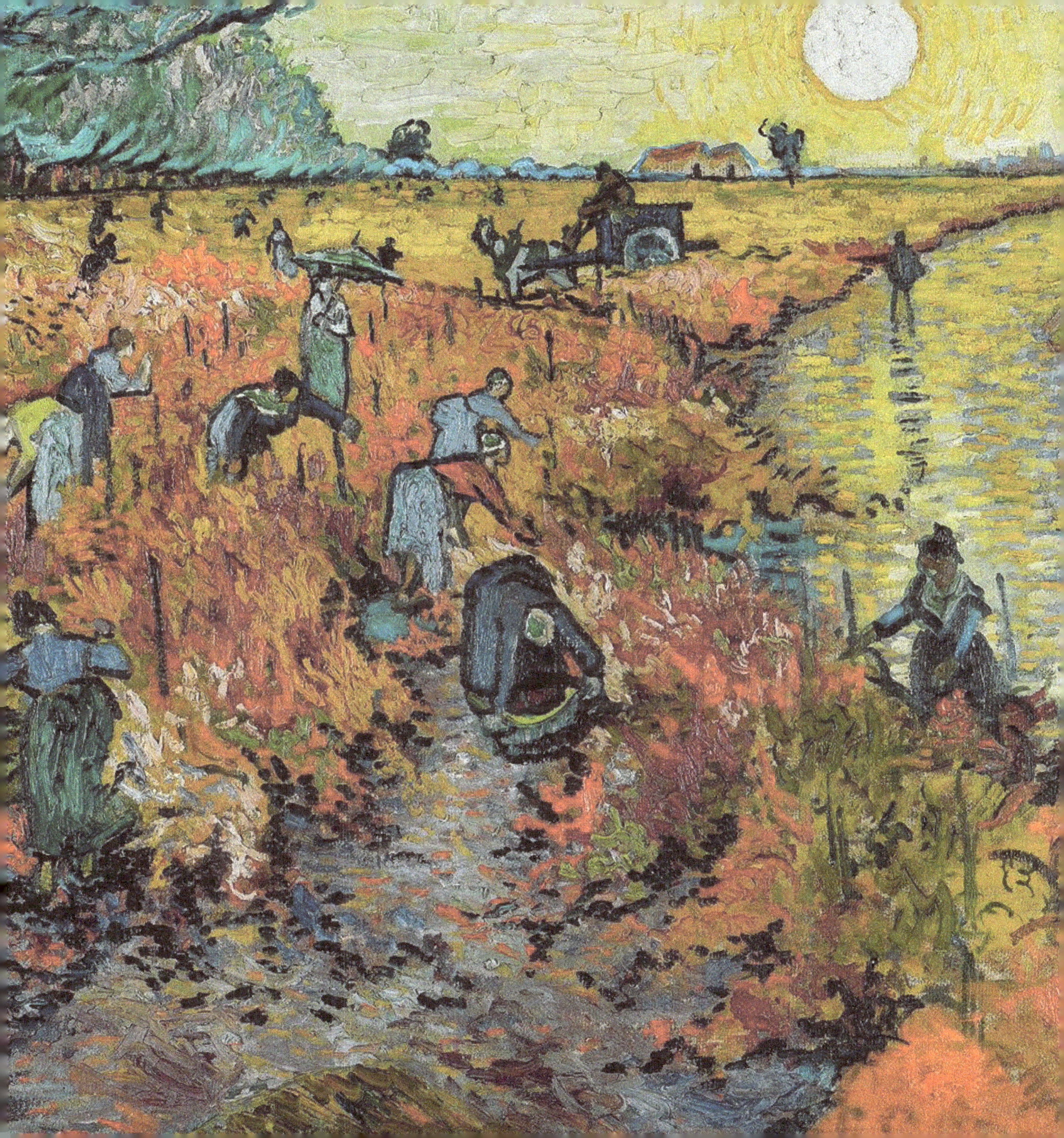

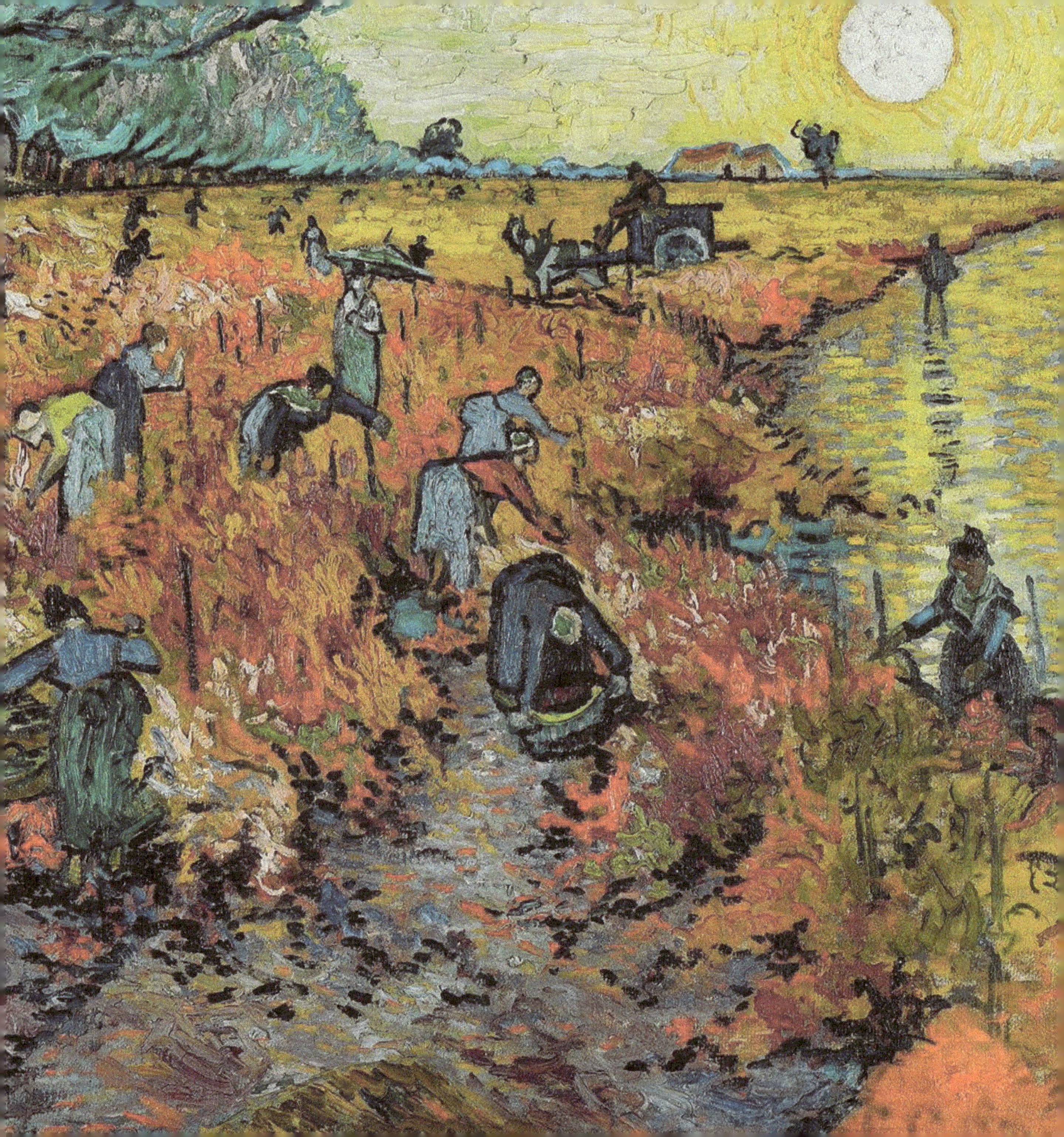

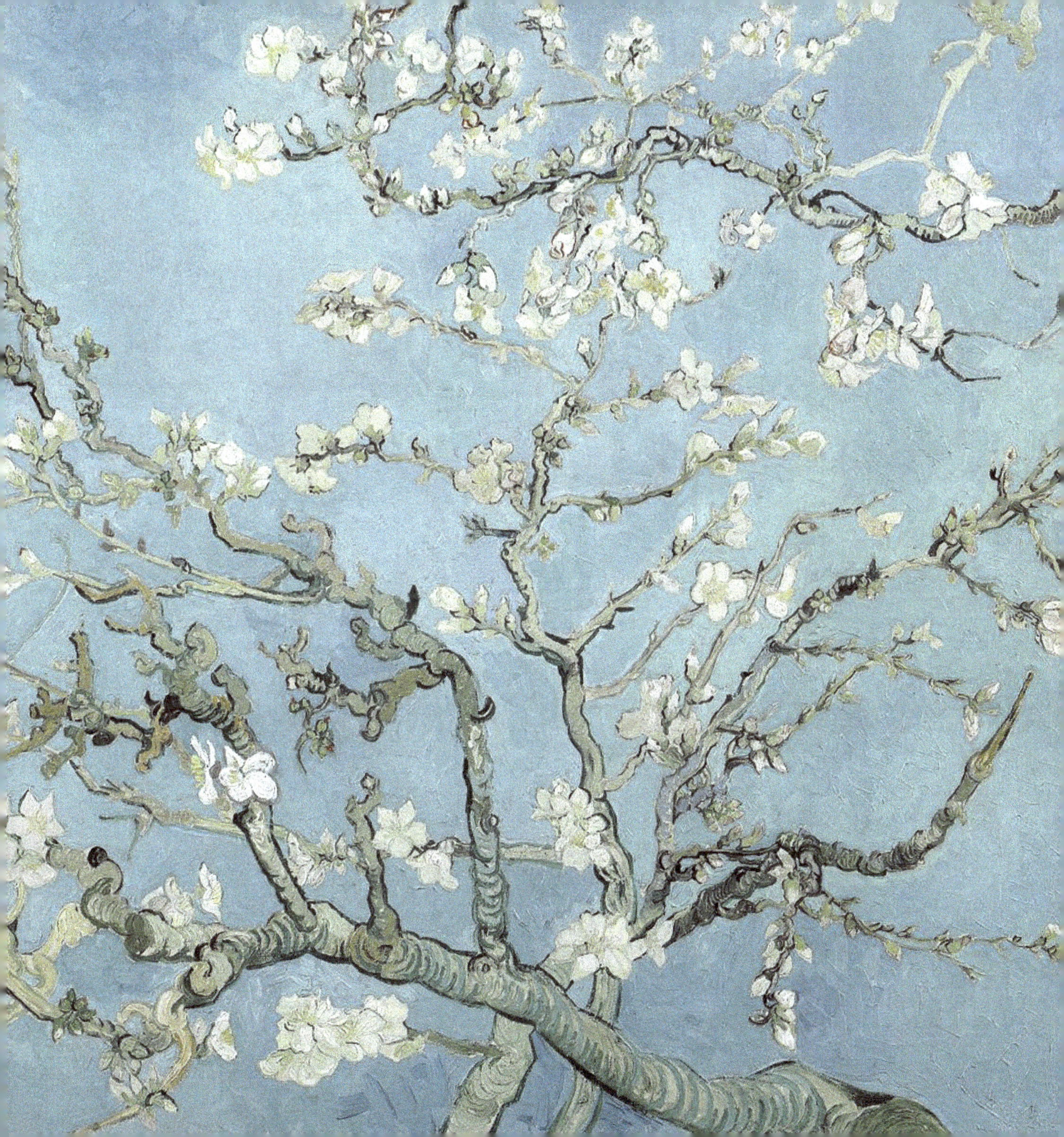

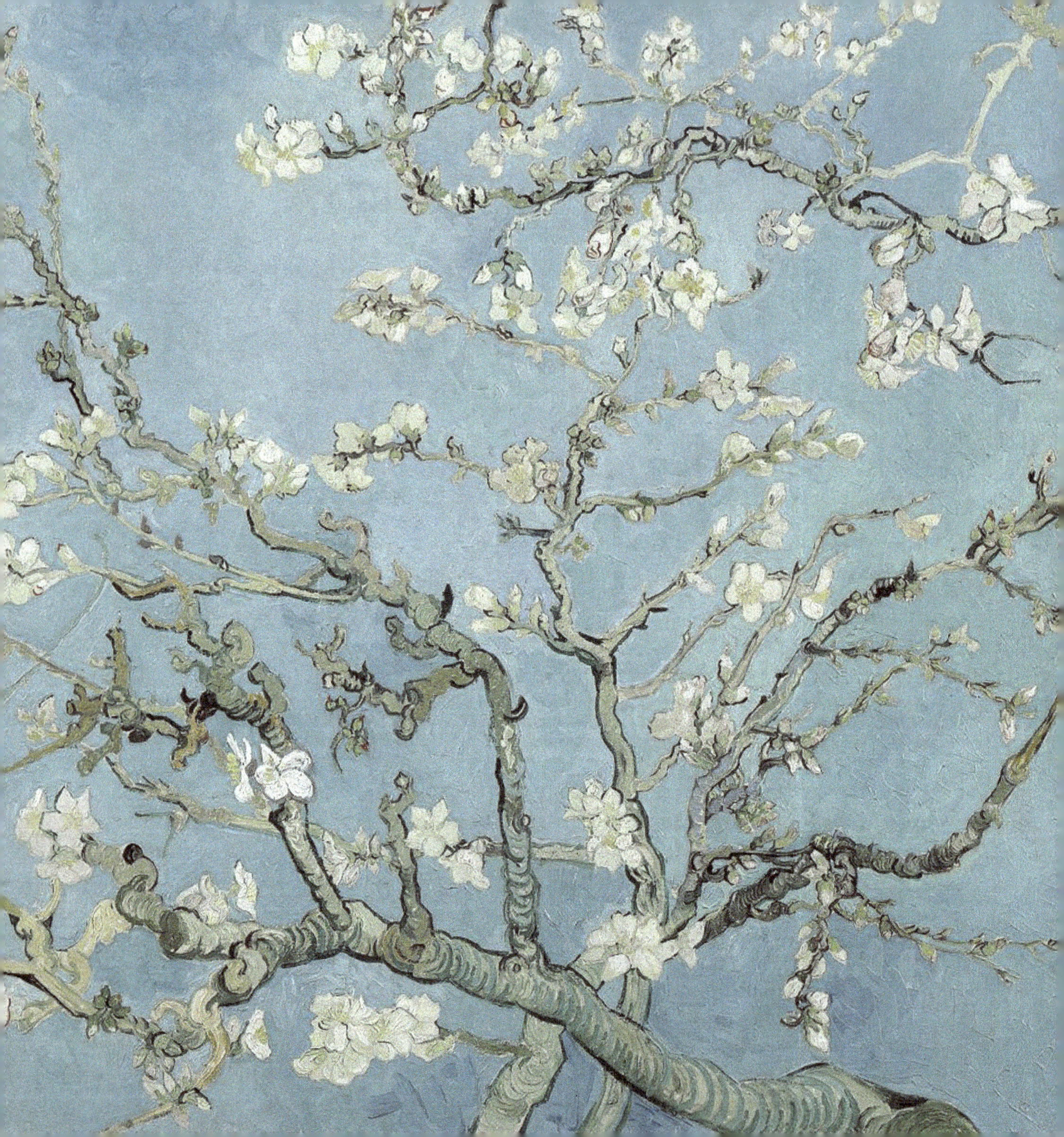

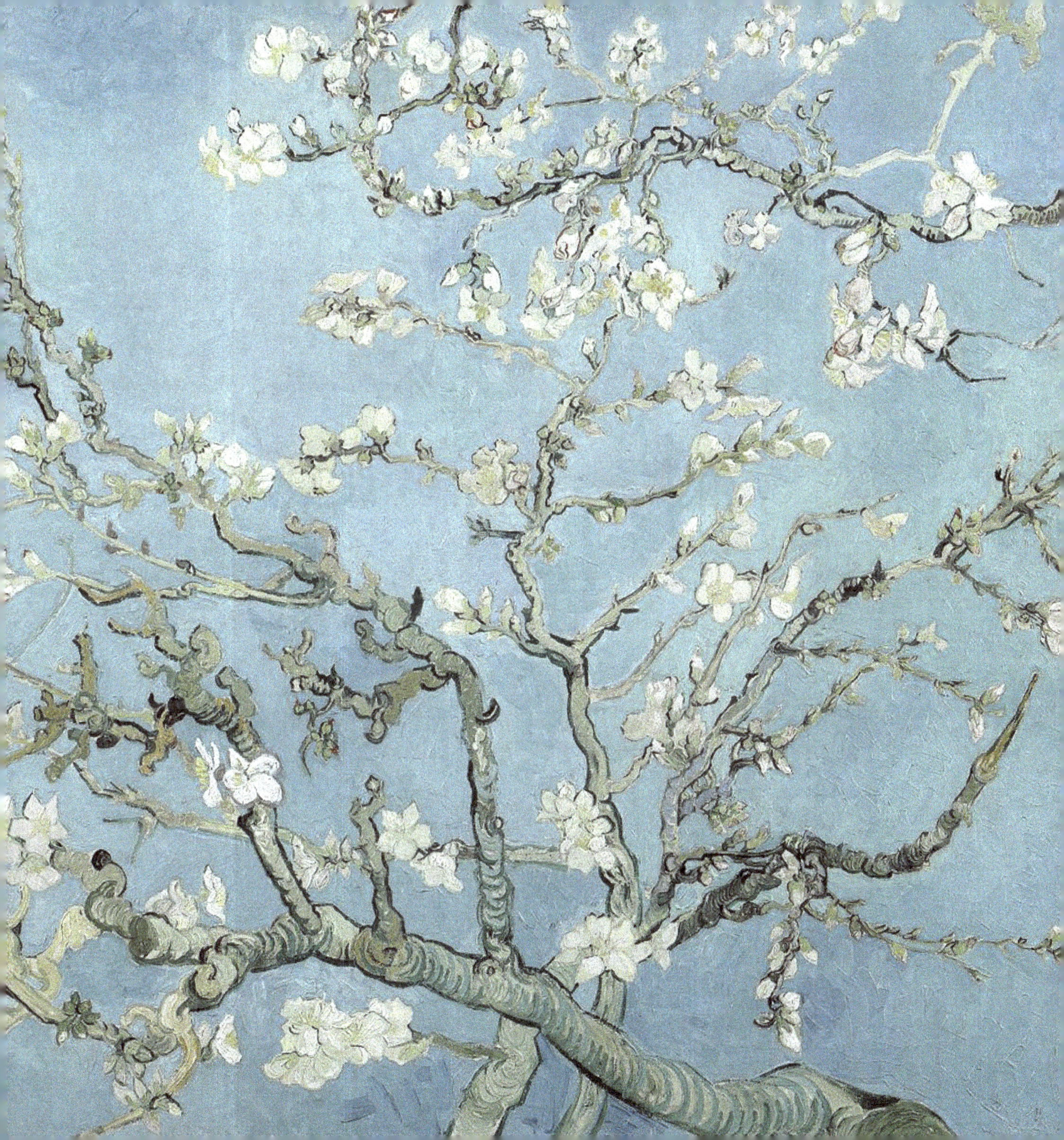

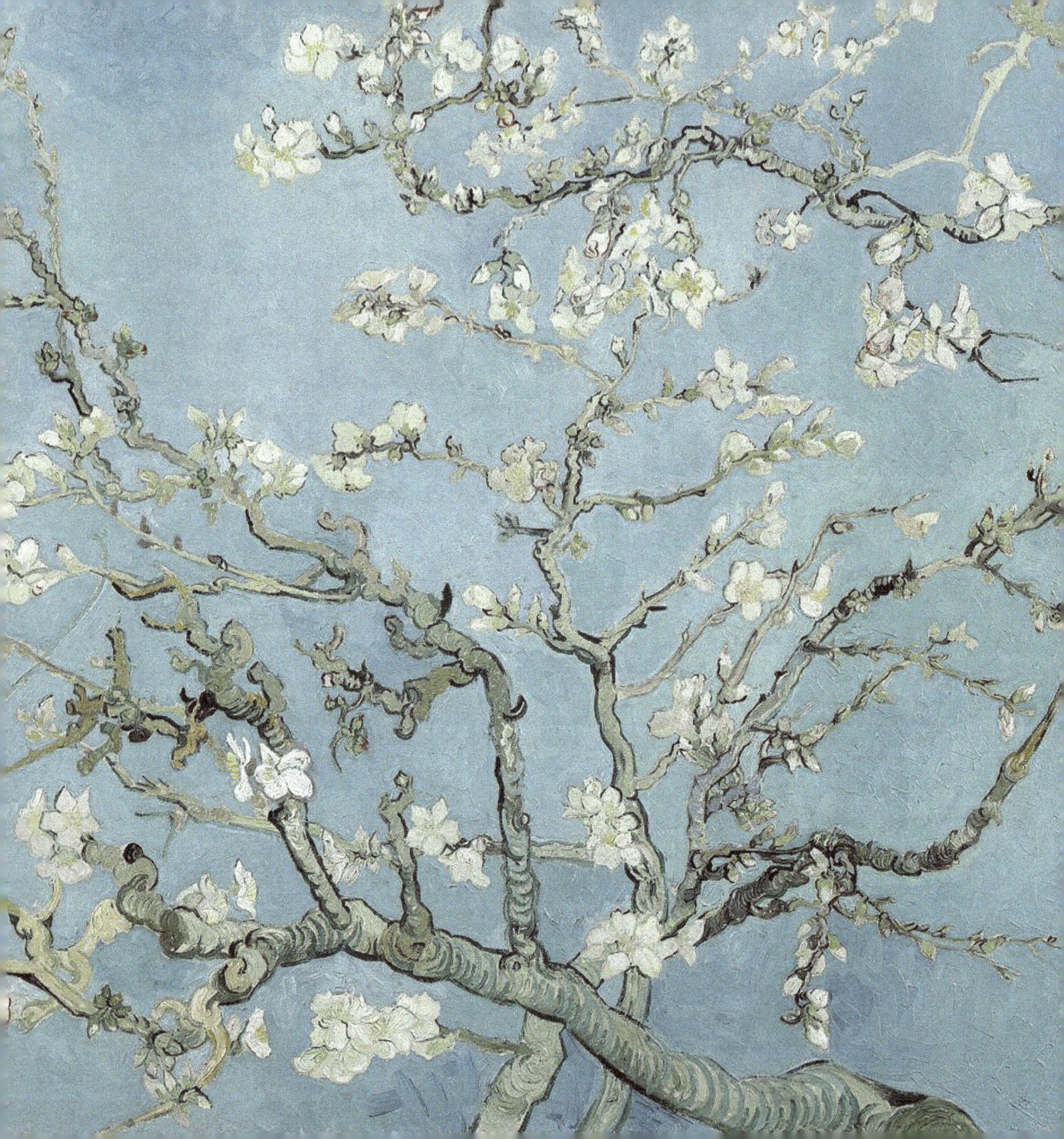

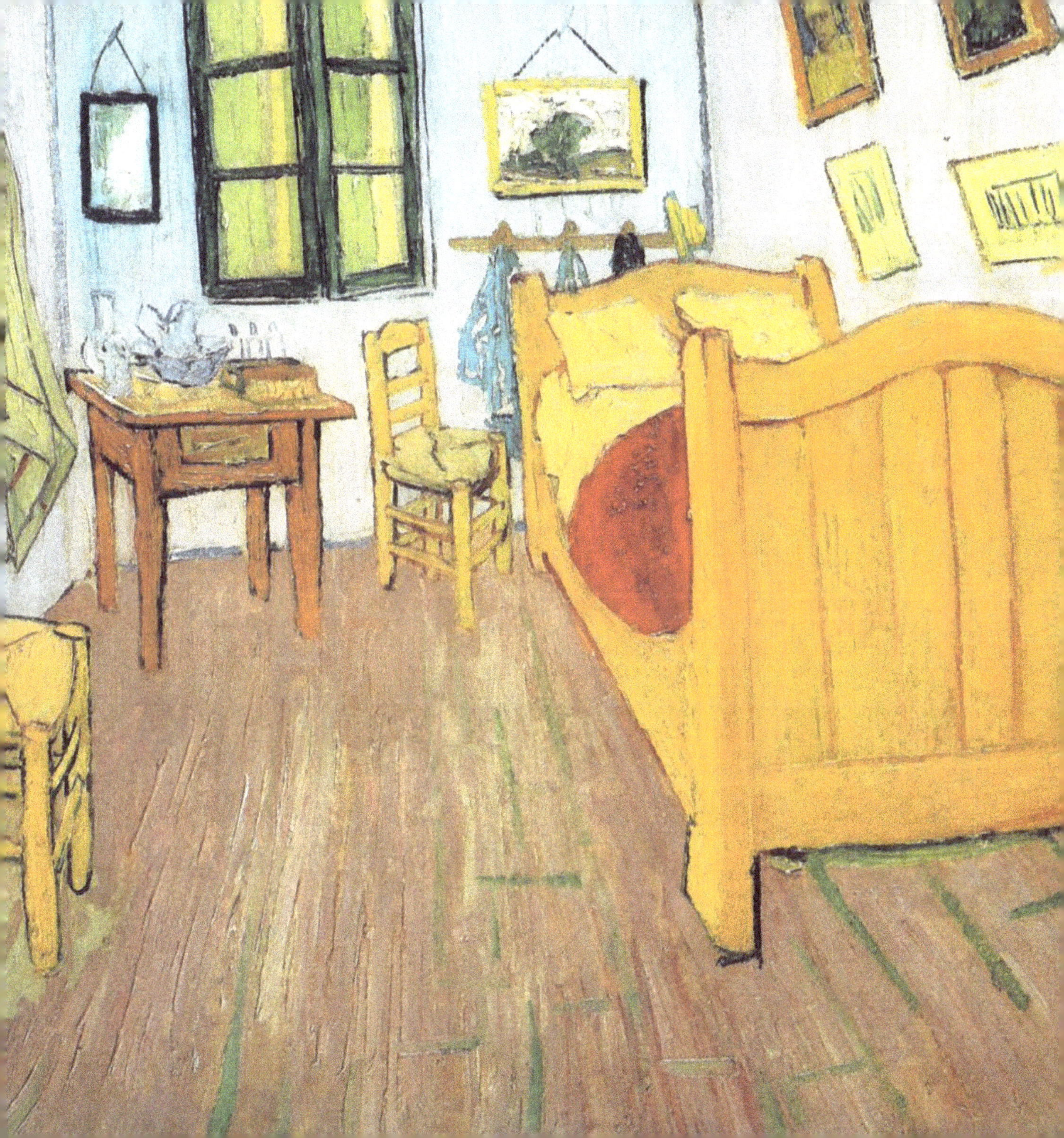

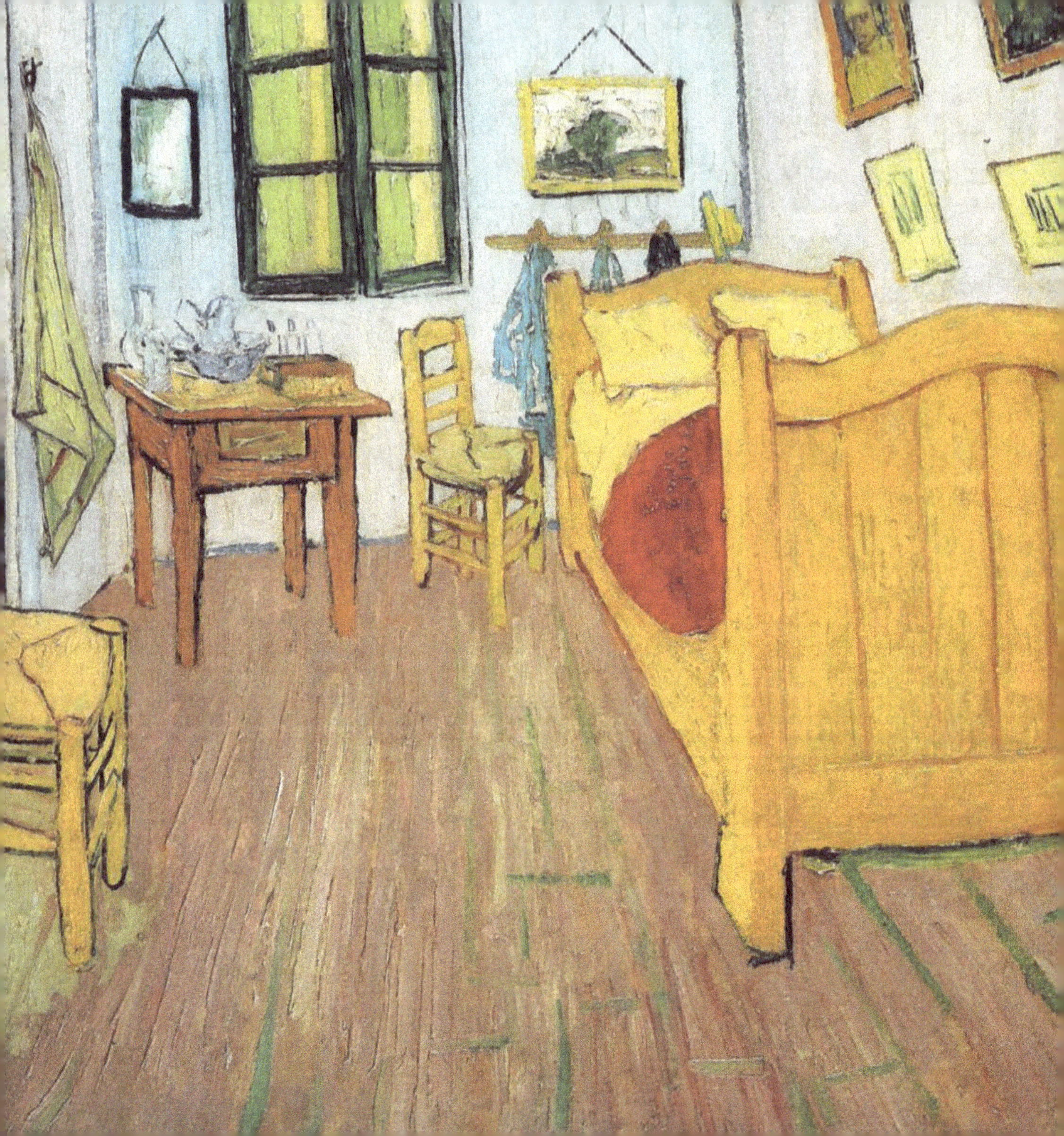

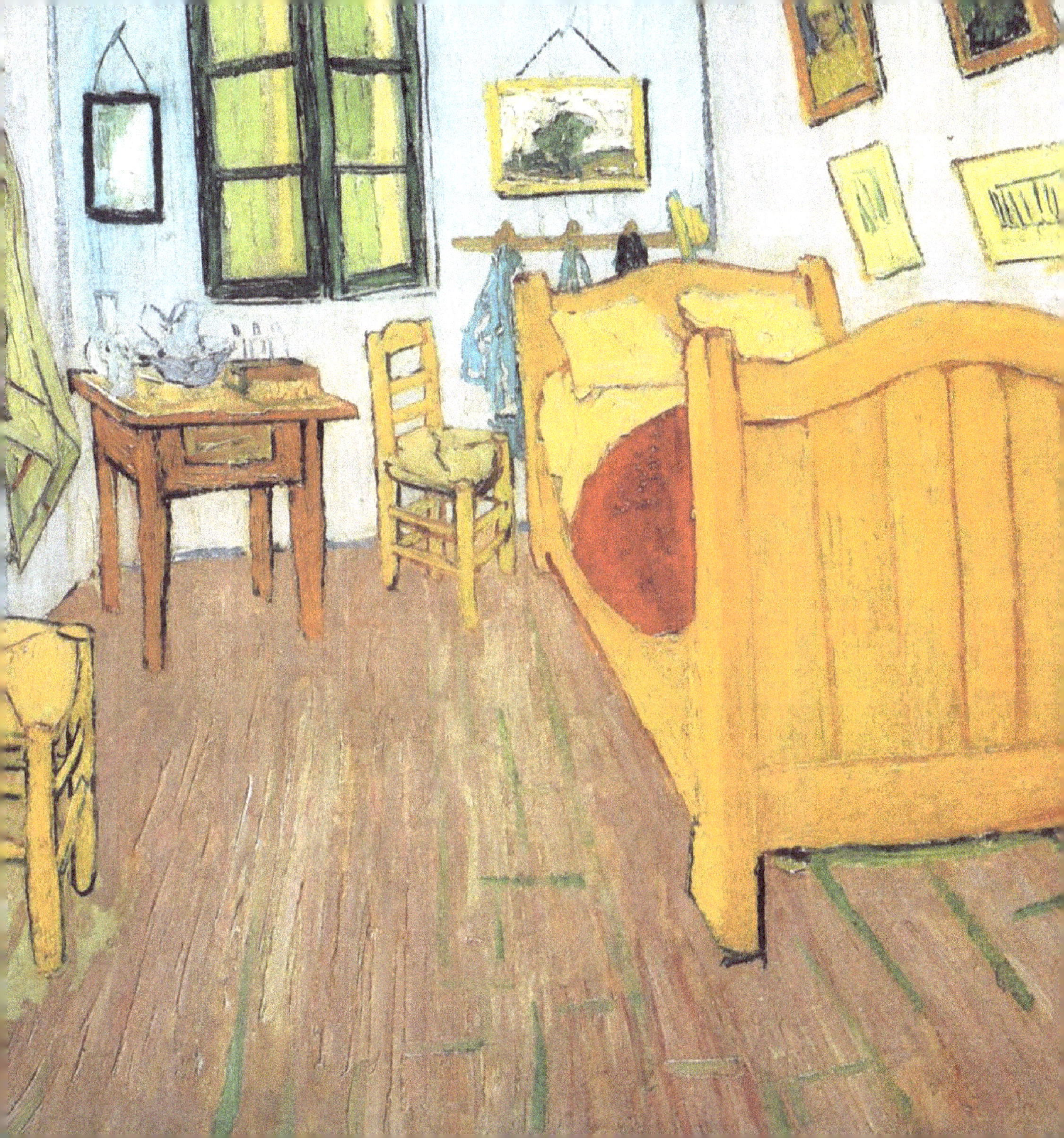

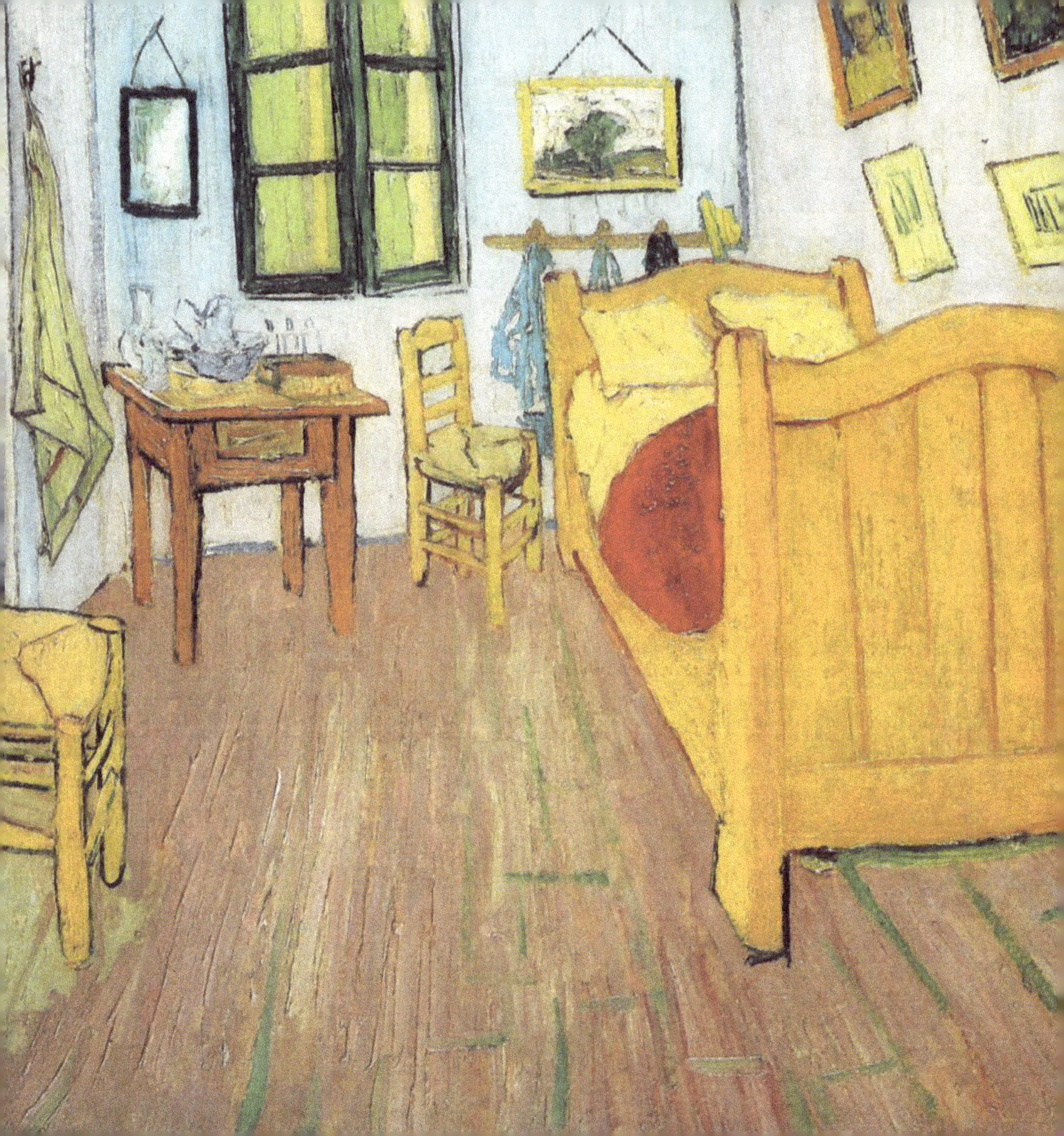

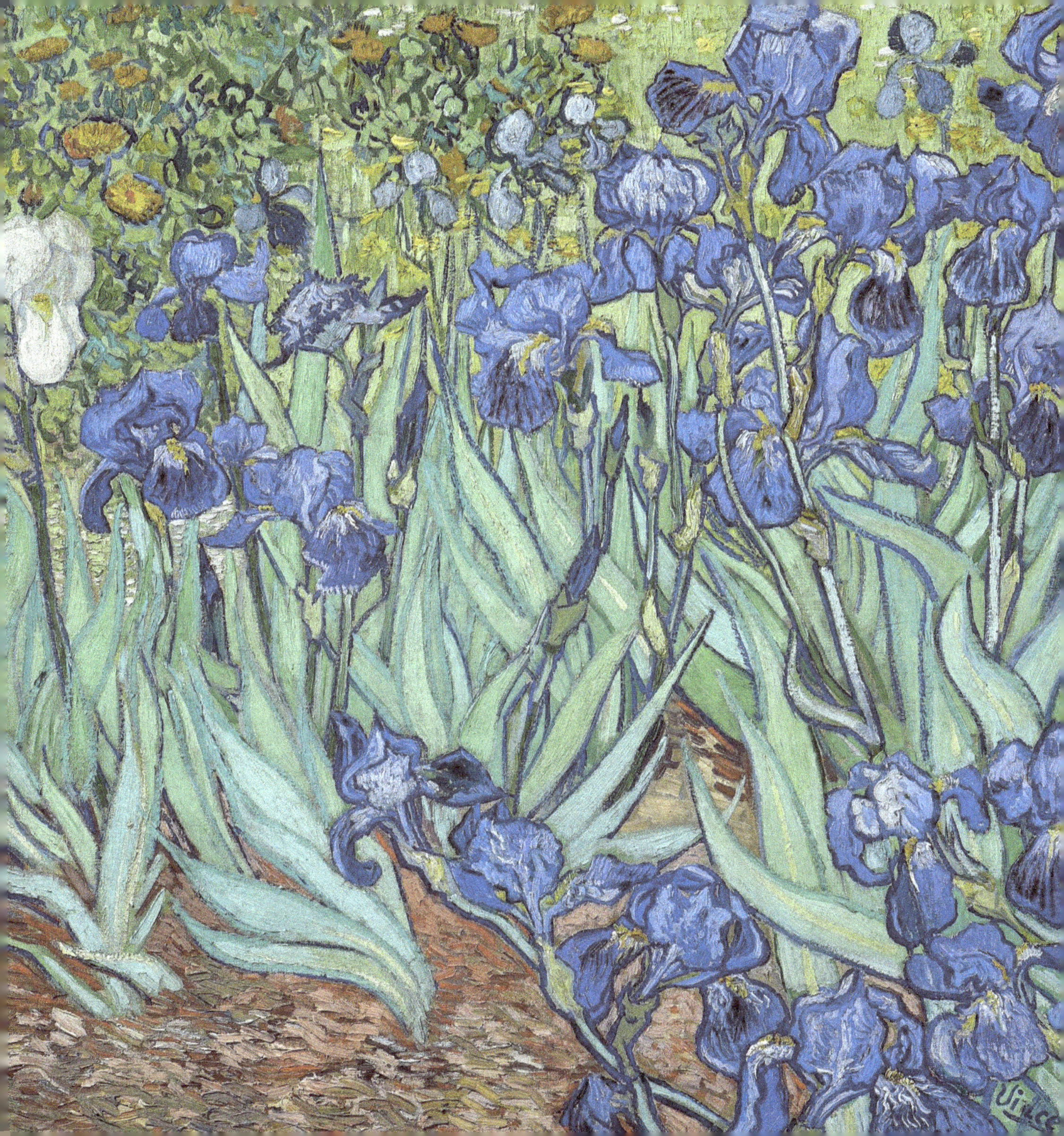

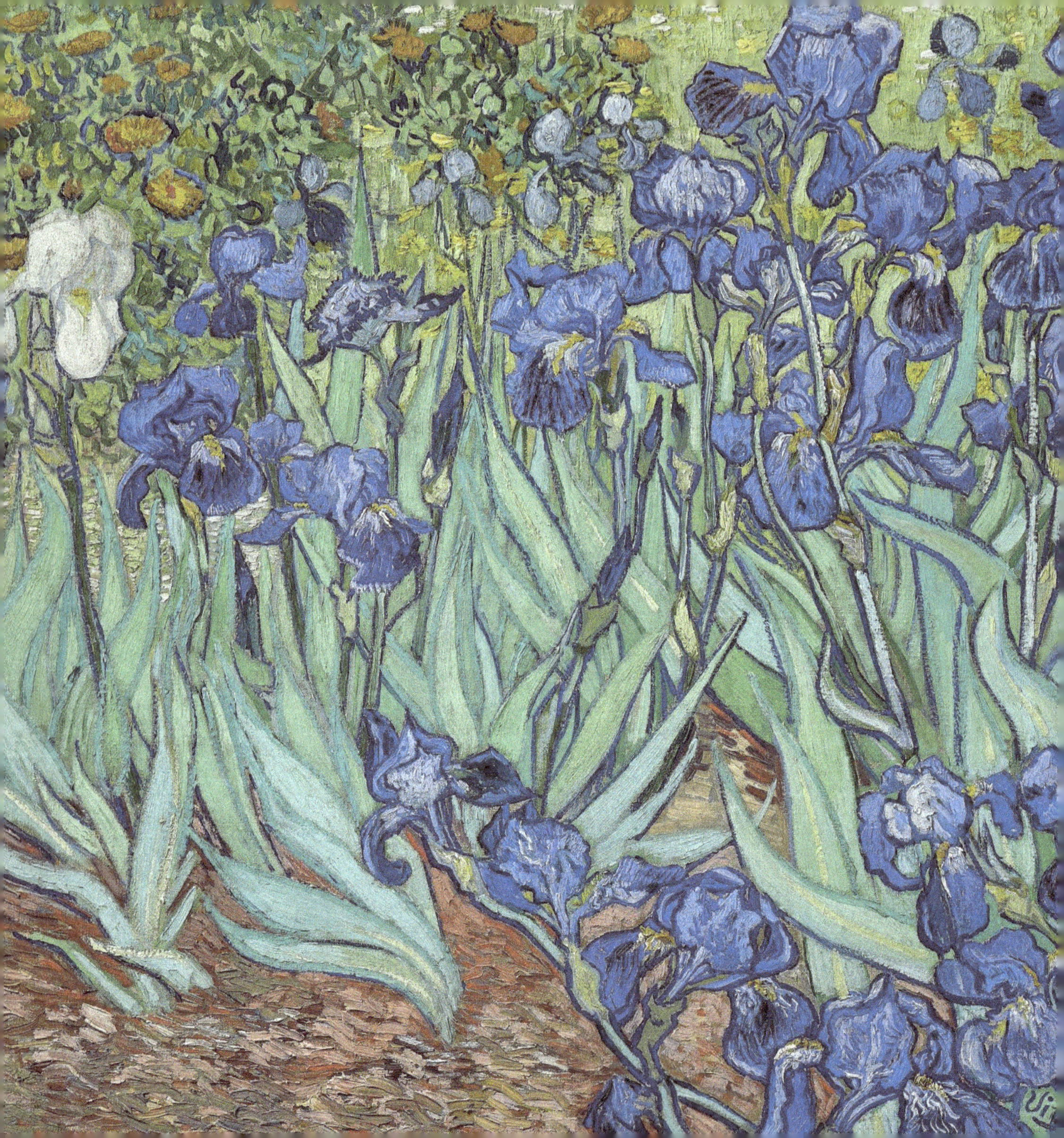

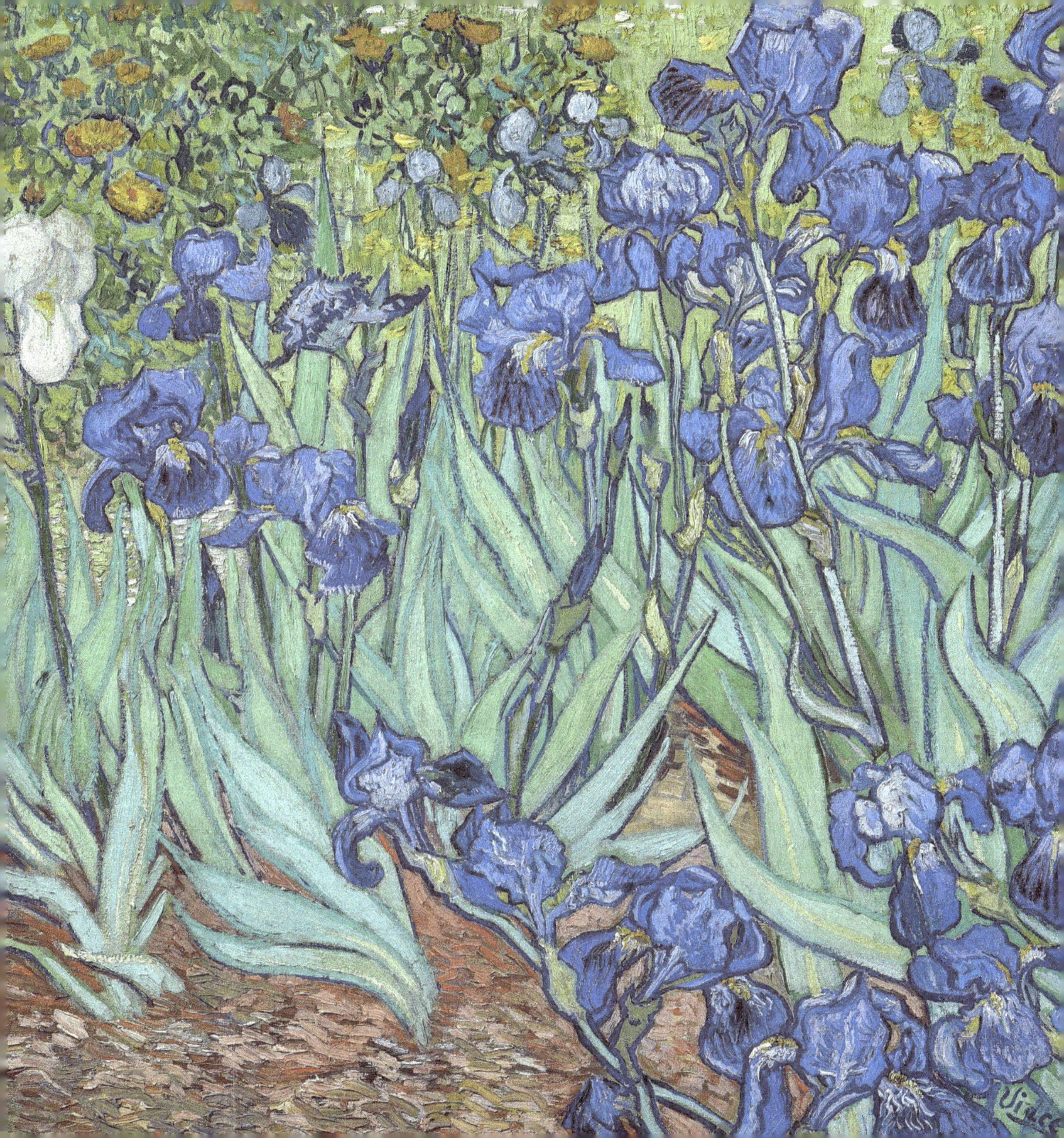

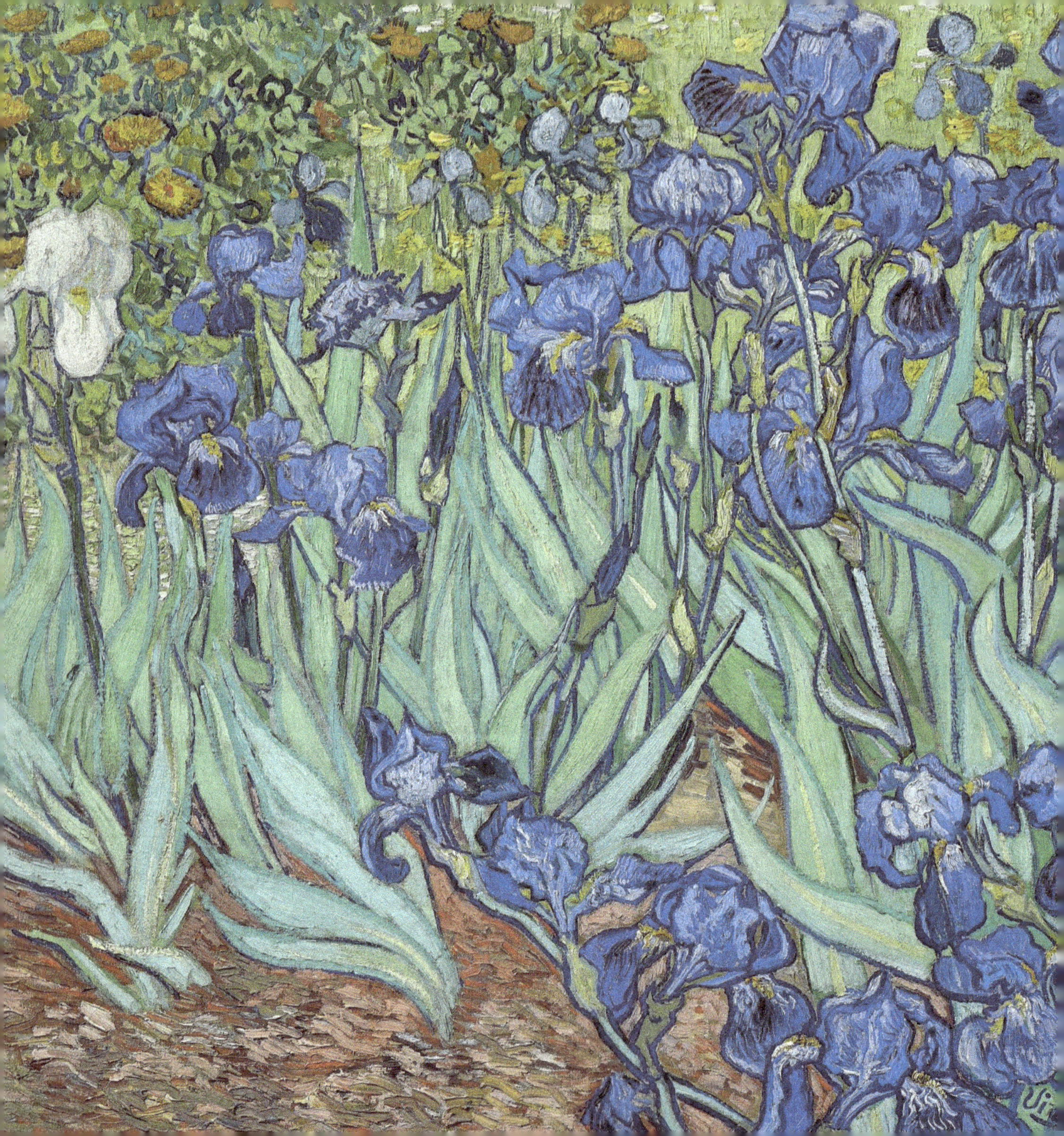